A vida é um presente

MANTRAS PARA O SEU DIA A DIA

RITA BATISTA

A vida é um presente

MANTRAS PARA O SEU DIA A DIA

academia

Copyright © Rita Batista, 2024
Copyright © Editora Planeta do Brasil, 2024
Todos os direitos reservados.

Preparação: Fernanda Guerriero Antunes
Revisão: Bernardo Machado e Fernanda Simões Lopes
Projeto gráfico e diagramação: Gisele Baptista de Oliveira
Capa: Gabriela Pires
Ilustrações de miolo: mariadetarosarinda / Freepik, pikisuperstar / Freepik, johnstocker / Freepik e rawpixel.com / Freepik

DADOS INTERNACIONAIS DE CATALOGAÇÃO NA PUBLICAÇÃO (CIP)
ANGÉLICA ILACQUA CRB-8/7057

Batista, Rita
  A vida é um presente / Rita Batista. - São Paulo : Planeta do Brasil, 2024.
  144 p.

  ISBN: 978-85-422-2608-9

  1. Desenvolvimento pessoal 2. Afirmações 3. Sucesso I. Título

24-0142   CDD 158.1

Índice para catálogo sistemático:
1. Desenvolvimento pessoal

MISTO
Papel | Apoiando o manejo
florestal responsável
FSC® C005648

Ao escolher este livro, você está apoiando o manejo responsável das florestas do mundo

2024
Todos os direitos desta edição reservados à
Editora Planeta do Brasil Ltda.
Rua Bela Cintra, 986, 4º andar – Consolação
São Paulo – SP – 01415-002
www.planetadelivros.com.br
faleconosco@editoraplaneta.com.br

APRESENTAÇÃO | Tá tudo Odara	14
Afirmações de ativação da prosperidade	19
Ser saudável	21
Poder da consciência	22
Ímã para o dinheiro	25
Ser de fogo violeta	27
Sou o Senhor do meu mundo	28
Proteção	29
Divina Presença	30
Energia Criadora	31
Decreto 1	32
Meditação	33
Relaxamento	34
Sobre perdas	35
Liberar o passado	36
Prosperidade	37
Experiência	38

39 Penso, sinto e falo
40 Mudança
41 Intenção
42 Cancelado
43 Herança Divina
44 Oração de autoperdão
45 Decisão inabalável
46 Anjos
47 Mudanças
48 Todos ganham
49 Decreto 2
50 Necessidades
51 Excedente Divino
52 Divina Ordem
53 Multiplicar o dinheiro
54 Direito Divino
55 Plano Divino
56 Momento certo
57 Meu caminho é importante
58 Deus trabalha em mim
59 Poderosa Ação do Amor de Deus

Amado Deus	60
Ho'oponopono	61
Saúde, riqueza e sucesso	62
Oração para proteger o lar, os negócios e as propriedades	63
Oração para entregar problema financeiro a Deus	64
Oração do perdão	65
Triunfo	66
Agradecer	67
Relacionamentos	68
Eu Sou Luz	70
Respiração	71
Lembrete	72
Afirmações para o dia de hoje	73
Minha essência interior	74
Fazer planos	75
Singularidade	76
Destino	77
Salto de fé	79
Dinheiro	80
Bem Maior	82

83 Lista
84 Reflita
85 Sou o criador da minha experiência
86 Metas
88 Autorreconhecimento
89 Está feito
90 O sucesso é bom
92 Meu sucesso é inevitável
93 Presente
94 Abundância
95 Divina Presença
96 Verdadeiro Eu
98 Princípio da Abundância
99 Sobre aceitar
100 Onipresença
101 Poderosa Presença
102 Eu Sou

Para saber sempre o que fazer	103
Para ter energia	104
Chama Consumidora	105
Poder sustentador	106
Presença Eu Sou	107
Eterna Libertação	108
Para reconhecer abundância e compreender prosperidade	109
Para auxiliar aqueles que desencarnaram	110
Para modificar sentimentos, palavras, emoções e comportamentos desagradáveis	111
Para aperfeiçoar condições	112
Para ajustar seus negócios	113
Para que eu possa compreender	114
Guarda Invencível	115
Não discuta, silencie e mantre	116
Para elevação espiritual	117
Para obter iluminação	118
Para escutar e enxergar além do alcance	119
Vitoriosa Presença Conquistadora	120

- 121 Perfeição
- 122 Eu Sou Senhor do meu mundo
- 123 Riqueza, saúde, amor e autoexpressão
- 124 Resistências
- 126 Divina substância
- 127 Transformar em realidade
- 128 Divina substância ilimitada
- 129 Divina substância em minha vida
- 130 Divina substância onipresente
- 131 Aceitar o novo
- 132 Abundância do Universo
- 133 Deus quer que eu viva na prosperidade
- 134 Sabedoria maior
- 135 Tudo
- 136 Estou pronta
- 137 Eu Sou a melhor coisa
- 138 Dinheiro extra
- 139 Presença iluminadora
- 140 POSFÁCIO | A palavra é uma sentença escrita no Universo

Eu Sou corajosa, destemida e forte.
Eu Sou alegre, expansiva e cheia de
vida. Tudo me corre bem. Eu Sou um
ímã para atrair tudo que há de bom
e útil. Eu gozo da mais perfeita saúde.

APRESENTAÇÃO

Tá tudo Odara

A vida é um presente é uma tradução literal da minha compreensão sobre a interferência divina nessa existência carnal. Independentemente daquilo que você professe, acredite: este livrinho é o meu exercício de fé.

Cada palavra é uma sentença escrita no Universo, no firmamento, cada sílaba, cada fonema tem uma energia. Como um bumerangue, tudo que falamos, pensamos e sentimos bate e volta. Por isso, prestar atenção em palavras, pensamentos, emoções, sentimentos e ações é tão importante. Eu aprendo isso todo dia. É uma atividade para a vida toda, e os resultados aparecem diante dos nossos (meus) olhos.

Pensar positivo dá o mesmo trabalho que pensar negativo, a diferença é que o primeiro cria uma atmosfera pessoal de atração daquilo que você quer. Una o que o seu coração quer com o que a sua cabeça sonha e não haverá outro jeito: vai dar certo!

Cada mantra, cada decreto, cada afirmação reorganiza o interno, que reflete no externo. Experimente limpar suas gavetas, separar o que não te cabe mais, o que desbotou, o que está rasgado. Dá um alívio, né?

Os nossos compartimentos internos também precisam passar por essa faxina diária. A de proferir essas palavras que já foram ditas por tanta

gente, que participam de sistemas milenares de crenças, que trazem em cada consoante e vogal a força não só do seu significado, mas também do desejo de quem as profere.

Se dê ao luxo de reservar um momento do seu dia para examinar o seu íntimo, visitar as suas vontades, agradecer e pedir, vivenciar um tempo com a sua espiritualidade. A vida é mesmo um presente e essa é uma das formas que eu encontrei para agradecer. Eu te convido a essa experiência, assim como um dia eu fui convidada e olha só o que está acontecendo... venho vivendo milagres cotidianos. Este livro é um deles.

Rita Batista

Afirmações de ativação da prosperidade

Eu Sou digno de alcançar e receber todos os meus desejos, desde que sejam para o bem maior e com o propósito de expandir a minha alma.

Eu sempre tenho tudo de que preciso e tudo o que desejo porque Eu Sou dono de uma vida abundante e repleta de oportunidades.

Eu Sou uma pessoa abençoada e cheia de sorte, pois tudo que Eu atraio com meu pensamento chega para mim de alguma forma.

Eu tenho abundância infinita através da minha criatividade e sabedoria.

Eu tenho contato com inúmeras pessoas com quem compartilho a minha infinita abundância.

Eu me cerco de prosperidade onde estou, pois acordo todos os dias sendo abençoado pelo Criador, que tudo me provém.

Eu Sou próspero e tenho consciência de que essa grande teia de prosperidade é realizada através do amor incondicional de todas as pessoas, que unidas se somam nessa afirmação conjunta, onde quer que estejam.

Eu contribuo sempre com minha presença do Eu Sou para que todos sejamos vitoriosos em nossas fontes de recursos, em nossos empreendimentos e investimentos pessoais, e para que todos sejamos solidários uns com os outros.

O meu mundo está cheio de prosperidade, saúde, riqueza, alegria e felicidade.

As oportunidades sempre aparecem para mim e eu promovo as mesmas possibilidades para aqueles que as necessitam, da maneira como consigo, ao multiplicar mentalmente essa energia por três e pela força da luz que direciona tudo a quem de fato merece alcançar!

Ser saudável

As minhas células são saudáveis e resistentes. As minhas células saudáveis combatem e eliminam quaisquer células, fungos, vírus ou bactérias ruins que já estejam em meu organismo ou que nele tentam entrar, criando um campo de proteção e aumentando meu sistema imunológico. Eu Sou livre, Eu Sou livre, Eu Sou livre. Eu Sou saudável, Eu Sou saudável, Eu Sou saudável. Assim é! Está feito!

Poder da consciência

Eu ORDENO a retirada de minha mente de todos os conceitos, crenças, pensamentos, imagens, frases, pessoas negativas e TUDO que me limitou até aqui no meu crescimento moral, profissional, financeiro e espiritual.

Se há algum inimigo, revelado ou não, querendo me atingir, que seja iluminado neste momento e se torne meu amigo, porque na minha vida só há lugar para amigos. Abençoe, abençoe, abençoe!

Coisas maravilhosas chegam à minha vida agora, neste dia e por toda a eternidade.

Eu conquisto os meus objetivos com facilidade. Vivo minha vida com alegria, calma, serenidade e harmonia comigo e com todo o Universo.

Agradeço a tudo que sou e tudo que tenho. Sei que o poder da consciência é ilimitado e que a Consciência Una está comigo em todos os lugares.

Reconheço que sou um ser em constante movimento de evolução.

Escolho agora meu progresso físico, mental, emocional e espiritual e agradeço por meu estado de bem-aventurança. Sou feliz porque consigo sempre aquilo de que preciso e em abundância.

Dentro de mim estão virtudes, qualidades, competência, sabedoria e inteligência que fazem a minha vida feliz, realizada e ampla.

Supero qualquer tipo de obstáculo.
Diante de mim se desenha um futuro
de muita ação, construção e alegria.

Surpresas maravilhosas chegam
agora em minha vida.

É maravilhoso como em todos
os momentos estou mais feliz!

Eu sou saudável. Meus músculos
são fortes, minha pele é firme,
suave e viçosa, cheia de jovialidade.

Minhas células se renovam
normal e ordenadamente,
assim como meus hormônios.

Meu organismo funciona em
harmonia e eu sou só saúde,
paz, vivacidade, beleza e alegria.

É maravilhoso, maravilhoso,
maravilhoso!

Minha vida e meus negócios
sempre prosperam.

Todo dinheiro de que eu preciso
vem a mim facilmente de fontes
infinitas do bem.

Ímã para o dinheiro

O dinheiro sempre flui para mim em avalanche e abundância, pois a riqueza me pertence e a todo instante faz parte da minha vida.

Meus amigos me abrem portas oportunas e vantajosas ao meu crescimento, que sempre contagia e espalha prosperidade e otimismo a todos com quem convivo.

Obtenho sempre alegria no contato com TODOS.

A riqueza está aqui. O mundo da Consciência Una é aqui e já é perfeito.

Obrigada, obrigada, obrigada!

A minha vida é do tamanho
dos meus sonhos!

Solução, solução, solução.

Sou perfeita, sou saudável em corpo e consciência, alegre e forte. Tenho amor e muita sorte, sou feliz, inteligente, vivo positivamente, tenho paz, sou um sucesso, tenho tudo o que peço, com firmeza acredito no poder da minha mente!

EU SOU, EU POSSO, EU CONSIGO, EU REALIZO!

Assim é, assim seja, assim será!

Eu sou um ímã para o dinheiro.

(Deve ser entoado pelo
menos três vezes.)

Ser de fogo violeta

Eu Sou um ser de fogo violeta,
Eu Sou a pureza que Deus deseja.

Sou o Senhor do meu mundo

Eu Sou o Senhor do meu mundo.

Eu Sou a Vitoriosa Inteligência que o governa.

Eu lanço em meu mundo essa Poderosa, Radiante e Inteligente Energia de Deus.

Eu comando que Ela crie toda a perfeição, que Ela atraia para mim a Opulência de Deus tornada visível em minhas mãos e para meu uso.

Está feito.

Está feito.

Está feito.

Assim é.

Assim é.

Assim é.

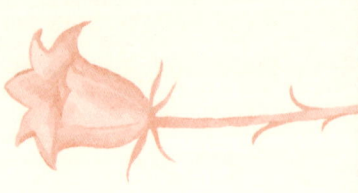

Proteção

Eu Sou Divinamente Guiado e Protegido em todos os meus passos.

Por isso, caminho com alegria e confiança, pois sei que meu sucesso é inevitável!

Divina Presença

Eu estou consciente da Divina Presença em mim.

Eu estou consciente da atividade constante dessa Mente Infinita e Próspera e, portanto, minha consciência está preenchida com a Luz da Verdade.

(Repetir em voz alta, em frente ao espelho, por dez vezes.)

Energia Criadora

Minha conexão com a Energia Criadora de todo o Universo é suficientemente adequada para me trazer enorme Prosperidade.

Meu sucesso é inevitável.

(Repetir em voz alta, em frente ao espelho, por dez vezes.)

Decreto 1

Eu Sou.

Eu Sou.

Eu Sou.

A ressurreição e a vida de minhas finanças. (Repetir três vezes.)

Que se manifestam agora em minhas mãos.

Para meu uso nesse dia.

Meditação

Imagine-se em uma estrada de muita luz onde tudo que você deseja lhe é ofertado.

Você é feliz.

Você é pleno.

Você é rico.

Você está em paz.

Atrás de você uma porta de ferro muito grande e pesada cai, fechando todo o passado, deixando-o invisível e totalmente inacessível, superado.

O passado ficou para trás.

Agora só há o futuro:

Feliz.

Próspero.

Pleno.

(Boa para ser realizada no fim do ano, no aniversário ou em alguma mudança escolhida ou imposta.)

Relaxamento

Pense em uma situação que o deixe perturbado ou estressado.

Qual é o nível seguinte de relaxamento ao qual você poderia ir no que diz respeito a essa situação?

Se quaisquer outras situações estressantes lhe vierem à cabeça, qual seria o seu nível seguinte de relaxamento para cada uma delas?

Afirmações

Ofereço a mim mesmo o carinho que ofereceria a uma pessoa que eu amasse.

Procuro o meu nível seguinte de relaxamento e deixo que ele me ajude.

Sobre perdas

Toda vez que parece que eu perdi algo, um ganho maior está a caminho.

(Repetir em voz alta, em frente ao espelho, por dez vezes.)

Liberar o passado

Graciosamente, libero o meu passado e aceito as possibilidades que estão disponíveis para mim agora.

Avanço em direção à fé, e o que é bom para mim vem ao meu encontro.

(Repetir em voz alta, em frente ao espelho, por dez vezes.)

Prosperidade

Desenvolvo mentalmente a minha Prosperidade, e o dinheiro e os bens materiais seguem-se de modo natural.

Quanto mais eu sei, mais eu cresço.

(Repetir em voz alta, em frente ao espelho, por dez vezes.)

Experiência

Com suas próprias palavras, explique o significado da seguinte frase:

"Você não pode criar nada na experiência de outra pessoa e ninguém pode criar nada na sua experiência".

Penso, sinto e falo

As minhas criações procedem das minhas escolhas valiosas.

Penso, sinto e falo como se os meus desejos mais profundos fossem possíveis, estivessem disponíveis e já concretizados.

Mudança

Complete a seguinte declaração e transforme-a em uma afirmação:

Estou disposto a receber, agora, _____,

de um modo completo e irrestrito.

Intenção

Eu, _____,
defino as minhas intenções e
a vida responde.

Quanto maior a firmeza com que
escolho, mais poderoso eu me torno.

(Repetir em frente ao espelho,
olhando-se dentro dos olhos.)

Cancelado

Toda vez que você pensar,
falar ou sentir algo negativo,
diga imediatamente:

Esse pensamento,
Esse sentimento,
Essa frase ou palavra está

CANCELADO.

CANCELADO.

CANCELADO.

Assim como toda e qualquer
vibração, profecia ou decreto
inconsciente.

Então, repita uma frase positiva
que reflita o que você realmente
deseja criar.

Herança Divina

Eu agora reivindico a minha herança Divina de Prosperidade.

Eu escolho ser próspero.

Eu aceito receber a Prosperidade a que tenho direito como filho de Deus.

Essa é minha herança Divina.

E eu me abro para recebê-la.

Amém, Amém e Amém.

Oração de autoperdão

Meu Deus,
por favor, tire o passado de mim.

Eu fiz _____,

de que me arrependo.

Eu volto àquele momento
e o entrego a Você.

Por favor, bom Deus,
faça certos meus erros
e leve embora minha tristeza.

Perdoe-me, por favor.

Possa eu começar novamente.

Amém.

Decisão inabalável

Eu tomo a decisão inabalável
de ser feliz, próspero e amoroso.

Serei tão feliz, tão próspero
e tão amoroso, que as outras
pessoas se sentirão felizes,
prósperas e amorosas
somente por estarem
ao meu lado

Eu Sou Feliz.

Eu Sou Próspero.

Eu Sou Amoroso.

E Sou Luz do Mundo.

Anjos

Quatro anjos ao redor
de minha cabeça.

Quatro anjos ao redor de minha casa.

Quatro anjos ao redor
de meus negócios.

Um para velar.

Dois para rezar.

E um para afugentar coisas más.

Observações

Anjos são os pensamentos de Deus.
Pedir que os anjos se aproximem é
pedir que os pensamentos de Deus
nos cubram.

Rezar para um anjo é olhar para um
nível de pensamento puro e divino
e pedir que ele substitua nossos
pensamentos de medo.

(Repetir esta oração durante o dia.)

Mudanças

Eu posso mudar.

Eu escolho mudar.

Eu decido mudar.

(Repetir em frente ao espelho, diversas vezes ao dia, imaginando a situação que deseja transformar.)

Todos ganham

Eu abençoo todas as
pessoas prósperas.

Eu abençoo todas as pessoas ricas.

Agora sei que, quanto mais
dinheiro existir em circulação,
mais poderemos ganhar e ser ricos.

Quanto mais eu ganho,
mais todos ganham.

Quanto mais todos ganham,
mais eu ganho.

Podemos todos ganhar.

Decreto 2

Está decretado:

A partir de hoje, só aceito pensamentos e conceitos que ativem, curem, abençoem e inspirem minha mente.

Necessidades

Deus satisfaz todas as
minhas necessidades,
deixando sempre um excedente
tranquilizador em minha vida.

Excedente Divino

O dinheiro circula livre e
constantemente na minha vida,
e há sempre um excedente Divino.

(Memorizar esta frase e repeti-la
lentamente para si mesmo, durante
quatro ou cinco minutos, três ou
quatro vezes ao dia, sobretudo
antes de dormir.)

Divina Ordem

A Divina Ordem é agora estabelecida em minha mente, corpo e negócios.

Pelo Poder do Cristo
que habita dentro de mim,
a Divina Ordem é agora
estabelecida e mantida.

Multiplicar o dinheiro

Eu desejo o dinheiro.

E o dinheiro também me quer,
pois ele espera que eu o multiplique.

E gere poderosa energia
por seu intermédio.

Direito Divino

Agora eu entrego a Deus todas as crenças limitantes que tenho a respeito do dinheiro.

Que minha mente seja iluminada.

Eu reconheço e peço meu Direito Divino de ter tudo que for necessário ao meu desenvolvimento mental, espiritual e físico, tomando posse dele.

Plano Divino

O Plano Divino da minha vida está se manifestando agora.

Graças a Deus!

Obrigada.

Obrigada.

Obrigada.

Momento certo

Eu sempre estou
no lugar certo,
na hora certa,
fazendo aquilo que é certo.

Meu caminho é importante

Eu respeito e valorizo
minha criatividade e as minhas ideias.

Eu valorizo o meu tempo
e a minha energia.

Eu sou uma pessoa de valor.

Meu caminho é importante.

Deus trabalha em mim

Eu desejo de todo coração
realizar as Graças de Deus
em cada ação.

Deus trabalha em mim para fazer
tudo o que for necessário.

Eu chamo a Vontade de Deus
para que ela realize o seu trabalho
perfeito nesta ação pelas Graças
de todos os envolvidos.

E assim é.

Está feito.

Está feito.

Está feito.

Amém, Amém e Amém.

Poderosa Ação do Amor de Deus

Eu convido a Poderosa Ação do Amor de Deus para a minha vida.

Eu convido a Poderosa Ação do Amor de Deus para me colocar no meu verdadeiro lugar na vida, agora.

Amado Deus

Amado Deus, limpa, transmuta, corta e secciona todas as minhas memórias e vibrações de falta, escassez, carência e medo.

Transforma tudo em mim em pura Luz de Abundância e Prosperidade.

E assim é.

Está feito.

Está feito.

Está feito.

Ho'oponopono

Se eu me aborrecer com algo ou alguém, usarei Ho'oponopono:

Sinto muito.

Por favor, me perdoe.

Eu te amo.

Sou grato.

Saúde, riqueza e sucesso

Saúde.

Riqueza.

Sucesso.

(Repetir em frente ao espelho, três vezes durante o dia, por cinco a dez minutos. Você se surpreenderá com os resultados.)

Oração para proteger o lar, os negócios e as propriedades

A Presença protetora que guia os planetas em seu curso e faz brilhar o Sol guarda todas as minhas propriedades, meu lar, meus negócios e tudo que é meu.

Essa presença é a minha fortaleza e o meu cofre, e nela estão seguros todos os meus bens.

É maravilhoso!

Oração para entregar problema financeiro a Deus

Agora dormirei em paz.

Entrego o assunto ao Saber Elevado
que existe dentro de mim,
que conhece todas as respostas.

Com o nascer do sol,
pela manhã,
surgirá a solução
para o meu problema.

Sei que a aurora nunca falha.

(Repetir antes de adormecer.)

Oração do perdão

Eu te perdoo, você me perdoa;
nós somos um perante Deus.

Eu te amo, você me ama;
nós somos um perante Deus.

Eu te agradeço, você me
agradece; obrigada, obrigada.

Já não existe mais nenhum
ressentimento entre nós, rezo
sinceramente pela sua felicidade;
que você seja cada vez mais feliz.

Triunfo

Eu tenho o poder de triunfar.

Agora me perdoo
por haver pensado
que era frágil.

Se tiver feito mau uso
de meu poder no passado,
não significa que não possa
usá-lo de maneira plena agora.

Meu poder é bom, é seguro, é Divino!

Agradecer

No início do seu dia,
olhe em volta e agradeça
por tudo e por todos
que estão em sua vida.

Observe seu coração, reconheça
os medos que possam existir
e dê o seguinte comando:

Querido coração,

Relaxe, solte,
deixe sair toda e qualquer emoção
de medo ou inquietação,
e sinta agora
como é forte e poderoso
o infinito amor de Deus
por todos nós.

Repita o dia todo:

Deus me ama de forma infinita.

Relacionamentos

Meu Deus, eu entrego
a Você meu trabalho.

Possa eu ser o que
Você quer que eu seja.

Que eu aja como
Você quer que eu aja.

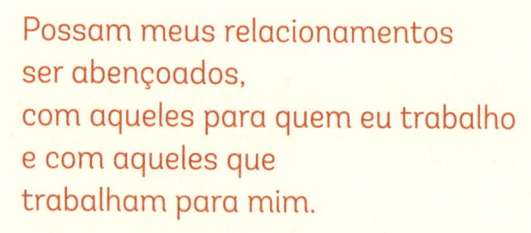

Possam meus relacionamentos
ser abençoados,
com aqueles para quem eu trabalho
e com aqueles que
trabalham para mim.

Possa Sua luz estar sobre nós
enquanto fazemos nosso trabalho.

E possa nosso trabalho ser Seu.

Amém.

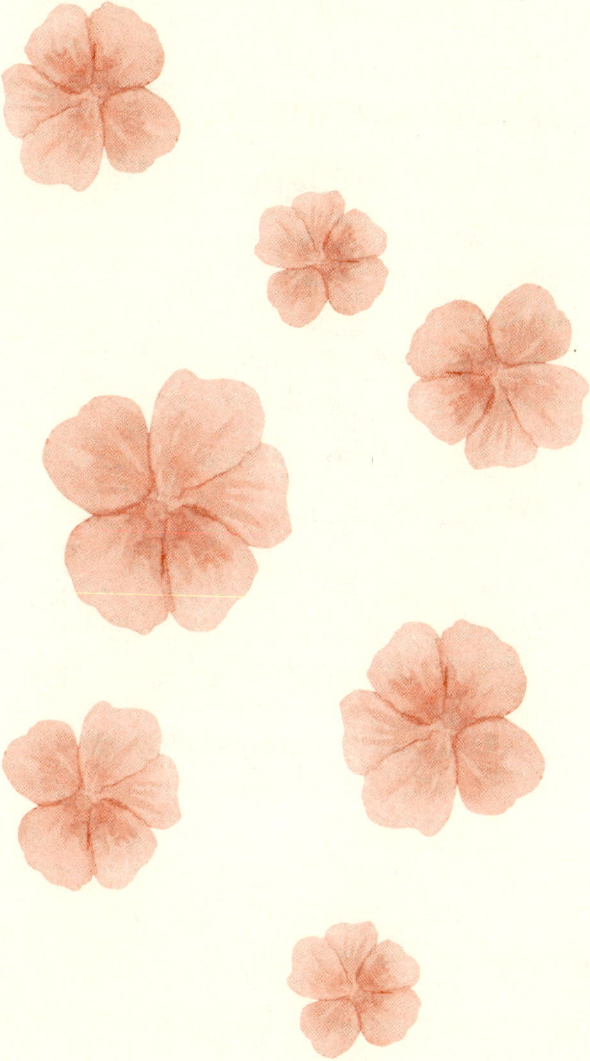

Eu Sou Luz

Eu Sou Luz.

Eu Sou Amor.

Eu Sou Dono de Minha Vida.

Eu escolho meus caminhos.

Eu Sou Sabedoria.

Eu vivo de forma cada
vez mais consciente.

Eu Sou Sucesso.

Eu Sou Prosperidade.

Eu Sou Abundância.

Eu Sou o Eu Sou.

(Repetir cada frase em frente
ao espelho, por três vezes.)

Respiração

Sente-se com a coluna ereta.

Durante cinco minutos,
concentre toda a sua atenção
em sua respiração.

Inspire amor.

Expire todo e qualquer sentimento
negativo que lhe ocorrer.

Faça isso lentamente
e procure não se dispersar.

Foque sua atenção na
inspiração e na expiração.

Lembrete

Todo Poder vem de dentro.

O Poder Infinito do Universo que nos criou está dentro de nós.

Somos fortes e poderosos o suficiente para atrair tudo de que precisamos para vencer qualquer obstáculo.

Sinta-se forte.

Sinta-se poderoso.

Sinta-se uno com o Universo e com Aquele que nos criou.

Afirmações para o dia de hoje

Eu tenho o suficiente.

Eu faço o suficiente.

Eu sou suficiente.

Minha essência interior

A minha essência interior
sabe o que é melhor para mim
e me orienta com perfeição.

Acredito na verdade do meu coração,
abro-me para recebê-la, e ajo
confiantemente de acordo com ela.

(Repetir em voz alta, em frente
ao espelho, por dez vezes.)

Fazer planos

O que você gostaria de fazer por si mesmo que nunca fez?

Elabore um plano para fazê-lo.

Afirmações

Dou a mim mesmo tanto amor quanto dou àqueles de quem gosto profundamente.

Mereço tudo que meu coração deseja e mais ainda.

Singularidade

Responda às seguintes perguntas:

1. Que características do seu caráter as pessoas costumam criticar?
2. Que características você critica em si mesmo?
3. Essas características podem ser vantajosas para você ou para outras pessoas?
4. Por que você acha que muitos gênios ou pessoas importantes são considerados excêntricos?

Afirmações

Celebro minha singularidade e a expresso livremente.

A vida contribui para que eu seja eu mesmo.

Destino

Estou aberto e receptivo ao destino que escolhi.

Estou confiante de que a paixão e o entusiasmo me conduzirão ao meu bem maior.

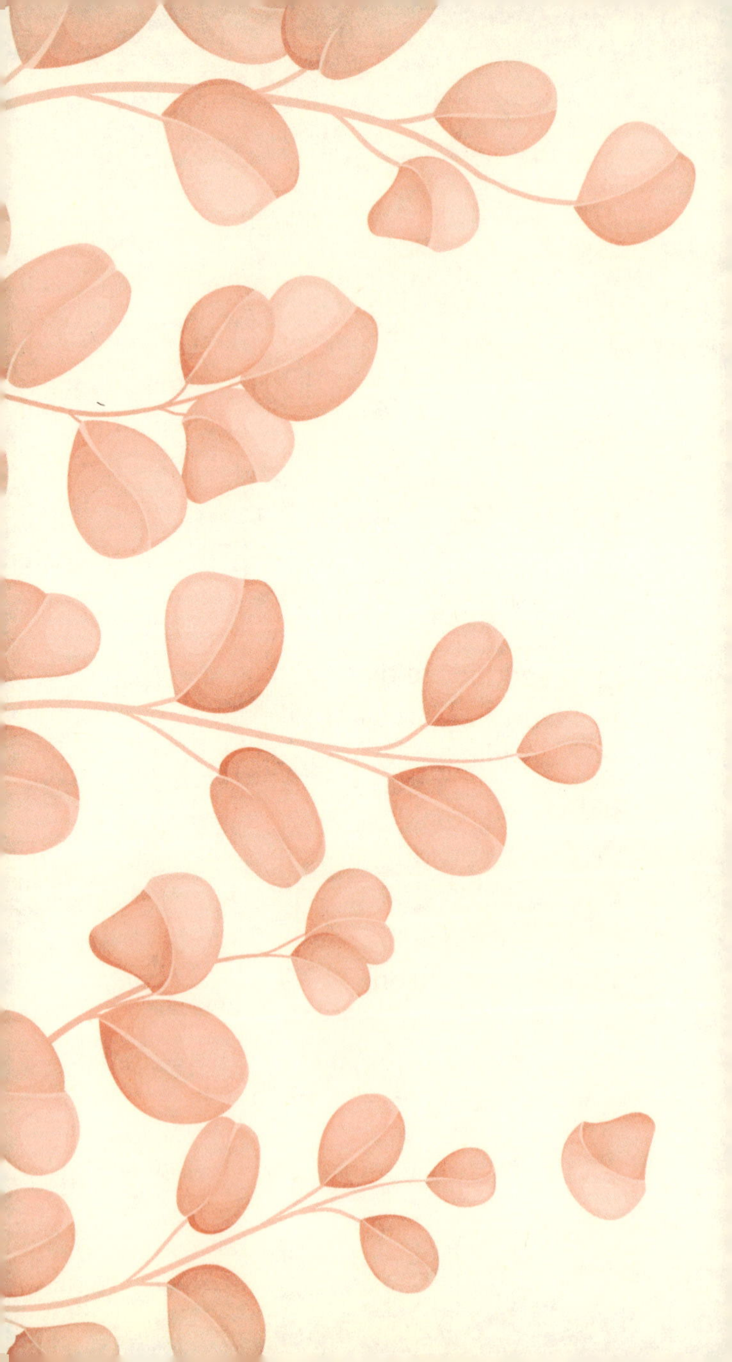

Salto de fé

1. Descreva um salto de fé que você tenha dado e que tenha afetado toda a sua vida.
2. O que seria um salto de fé para você hoje?
3. Por que você tem vontade de dar um salto de fé?
4. Por que merece fazer isso?
5. Que receios tem de fazê-lo?
6. O que sua orientação interior está lhe dizendo?

Afirmação

Os meus talentos, visões e intuições merecem ser cultivados e promovidos.

Dinheiro

1. Que estilo de economia, gastos ou administração financeira (ou ausência deles) funciona melhor para você?

2. Você sente que deve pedir desculpas, coloca-se na defensiva ou tem vontade de discutir quando alguém com estilo diferente o questiona ou critica?

3. Você tenta impor as suas convicções ou o seu estilo a outras pessoas?

4. Cite três pessoas que sejam bem-sucedidas financeiramente. Caracterize o estilo de cada uma delas.

Afirmações

Sou leal às minhas convicções a respeito do dinheiro e do sucesso.

O Universo me respalda enquanto ajo com integridade em relação a mim mesmo.

Bem Maior

Agora eu me conecto
com meu Bem Maior.

Penso, sinto e ajo conectado
com essa consciência de maneira
que minha vibração seja forte o
suficiente para materializá-lo.

Digo *não* e me afasto de tudo que
não está de acordo com isso.

Eu me amo.

Eu desejo meu Bem Maior.

E estou aberto para recebê-lo.

(Repetir em voz alta, em frente
ao espelho, por dez vezes.)

Lista

Faça uma lista com as crenças negativas que você reconhece ter sobre o dinheiro.

Embaixo de cada crença negativa, escreva a afirmação positiva que deseja trabalhar para substituí-la.

Exemplo

Crença negativa:
Eu não mereço ser rico.

Afirmação desejada:
Eu mereço ser rico e agora me abro para receber toda a riqueza a que tenho direito como herdeiro legítimo do Criador Universal.

Reflita

Onde você se encontra atualmente
na sua jornada horizontal?

Em que ponto você está
na sua jornada vertical?

Qual desses movimentos
precisa ser acelerado?

Eu me desloco com elegância
a partir do meu centro.

Eu me harmonizo com as
forças dentro de mim e à minha
volta, e aproveito a energia
em meu benefício.

(Repetir em voz alta, em frente
ao espelho, por dez vezes.)

Sou o criador da minha experiência

Responda às seguintes perguntas:

1. De que maneira você permite que as pessoas ou as coisas determinem a sua energia ou a sua felicidade?

2. Como você entrega seu poder a elas?

Afirmação

Sou o criador da minha experiência.

(Repetir em voz alta, em frente ao espelho, por dez vezes.)

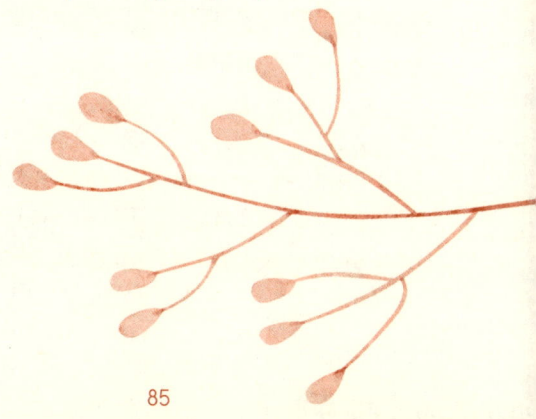

Metas

Escolha uma meta específica que você gostaria de alcançar.

Dedique nesta semana dez minutos por dia para fantasiar a respeito de como você se sentiria se já tivesse realizado essa meta.

Feche os olhos.

Envolva-se com o sentimento de sua intenção, até que ela pareça real. Em seguida, observe o que acontece.

Afirmações

Sou o criador das minhas experiências.

Consolido a minha visão com alegria, sucesso e serviço.

E a minha vida reflete minhas intenções.

(Repetir em voz alta, em frente ao espelho, por dez vezes durante esta semana.)

Autorreconhecimento

Faça uma declaração
de amor a si mesmo,
em frente ao espelho.

Observe como se sente:
Constrangido? Desconfiado?
Ridículo?

Repita em voz alta:

Eu abro mão de me sentir
_____ diante do
meu autorreconhecimento interior.

Eu agora permito que meu brilho se
manifeste com grande entusiasmo.

Está feito

Sente-se em um local tranquilo e imagine-se coberto com intensa Luz Dourada Brilhante forte, muito forte.

Você está pleno, feliz, realizado.

Torne essa visão a mais real possível.

Ao terminar sua visualização, diga em voz alta:

E assim é.

Está feito.

Está feito.

Está feito.

O sucesso é bom

Faça uma lista de atividades criativas que você gostaria de praticar e conhecer melhor.

Escolha uma delas e marque dia e hora para começá-la.

Afirmações

Eu sou um filho de Deus,
criado à Sua semelhança.

E como tal tenho talentos e dons
que me foram dados pelo Pai.

Para servir ao próximo e
tornar este mundo ainda mais
amoroso, próspero e feliz.

Agora, assumo o compromisso
de desenvolver todos esses dons.

Sem medo de ser feliz.

Sem medo do sucesso.

Sem medo do poder e da
responsabilidade que ele traz.

Eu me permito ser um sucesso.

Eu me permito fazer sucesso.

O sucesso é bom e
eu aceito recebê-lo.

Meu sucesso é inevitável

Meu sucesso é inevitável.

Eu tenho valorosa contribuição para fazer.

Eu mereço ser reconhecido.

E aceito receber reconhecimento e sucesso.

Meu sucesso é bom.

(Repetir em voz alta, em frente ao espelho e olhando-se dentro dos olhos, por dez vezes.)

Presente

Transforme seu principal
objetivo em um mantra,
resumindo o que deseja
em uma frase no presente,
como se já o tivesse realizado.

(Repetir seu mantra por pelo
menos trinta minutos hoje.
E viva sentindo-o já realizado.)

Abundância

Deus é Abundância generosa e infalível, a rica substância onipresente do Universo.

Essa fonte de plena provisão de Prosperidade infinita está individualizada em mim.
É a minha realidade.

(Repetir em frente ao espelho, por dez vezes.)

Divina Presença

Eu elevo minha mente e meu coração para estar consciente, para entender e saber que a Divina Presença Eu Sou é a Fonte e a Substância de todo o meu bem.

(Repetir em voz alta, em frente ao espelho, por dez vezes.)

Verdadeiro Eu

Pela consciência que tenho
do meu verdadeiro Eu,
do meu Ser Crítico como minha
verdadeira Fonte, eu derramo
em minha mente e na natureza
dos meus sentimentos
a verdadeira substância
do Espírito.

E reconheço que a Presença
de Deus em mim é meu
verdadeiro suprimento.

(Repetir em voz alta, em frente
ao espelho, por dez vezes.)

Princípio da Abundância

Eu estou totalmente consciente
do meu Verdadeiro Eu,
como meu abastecimento total,
e assim me torno preenchido
por completo, e sigo no fluxo
da Energia Criativa de maneira
fácil, sem esforço.

Tenho fé no Princípio da Abundância
em ação dentro de mim.

(Repetir em voz alta, em frente
ao espelho, por dez vezes.)

Sobre aceitar

Eu aceito.

Eu confio.

Eu entrego.

Eu agradeço.

(Repetir mentalmente hoje, o dia todo.)

Onipresença

Eu sou o olho onipresente
e onisciente que tudo
vê e tudo alcança.

Poderosa Presença

Eu Sou a Poderosa Presença que governa minha vida e meu mundo.

Eu Sou a Paz, a Harmonia e a Coragem autossustentadas que me conduzem serenamente através de tudo com que possa me defrontar.

Eu Sou

Eu Sou a Força, a Coragem, o Poder de Avançar com Firmeza através de todas as experiências, sejam elas quais forem, e continuar em alegre exaltação espiritual, plena de paz e harmonia em todos os momentos, pela Gloriosa Presença que Eu Sou.

Para saber sempre o que fazer

Eu Sou o Poder e a Presença Consumidora de toda partícula de medo, dúvida e incerteza de minha mente exterior relativa à Invencível Atividade do Eu Sou.

Para ter energia

Eu Sou a Poderosa Presença dessa Energia Radiante e Alerta que surge através de minha mente e de meu corpo, dissolvendo tudo o que é estranho a Ela. Eu me conservo nesta Energia Radiante e Alerta, e nessa Alegria para sempre.

Chama Consumidora

Eu Sou a Poderosa Chama
Consumidora que agora e
para sempre consome todos
os erros passados e presentes,
suas causas e efeitos, e toda
criação indesejável pela qual
meu ser externo é responsável.

Poder sustentador

Eu Sou a atividade concluída
e o poder sustentador de toda
coisa construtiva que eu desejo.

Presença Eu Sou

Eu Sou o Pensamento e Sentimento criadores perfeitos, presentes em todas as mentes e corações de todos e em todos os lugares. É maravilhoso. Não só traz sossego e paz como também libera benefícios ilimitados da Presença Eu Sou.

Eterna Libertação

Eu Sou minha Eterna Libertação
de toda imperfeição
humana neste instante.

Para reconhecer abundância e compreender prosperidade

Eu Sou a riqueza de Deus em Ação, agora manifestada em minha Vida e em meu mundo.

Para auxiliar aqueles que desencarnaram

Eu Sou a Presença que mantém essa pessoa na esfera a que pertence, instruindo-a e iluminando-a.

Para modificar sentimentos, palavras, emoções e comportamentos desagradáveis

Eu Sou a Presença que modifica isto e a modifica agora, porque a Ação de Deus é sempre instantânea.

Para aperfeiçoar condições

Eu Sou a Presença pondo em ordem e sanando esta situação.

Para ajustar seus negócios

Eu Sou a Inteligência e o Poder que produzem isto, e nenhuma outra atividade exterior pode impedi-lo.

Para que eu possa compreender

Eu Sou a Sabedoria.

Eu Sou a Perfeição.

Eu Sou o Poder Revelador que tudo apresenta diante de mim para que eu possa compreender e atuar de acordo.

Guarda Invencível

Eu Sou a Guarda Invencível
estabelecida e sustentada sobre
minha mente, meu corpo, meu lar,
meu mundo e meus negócios.

(Para repetir todo dia
por diversas vezes.)

Não discuta, silencie e mantre

Eu Sou a atividade obediente e inteligente desta mente e deste corpo. Eu Sou o Poder que governa e ordena tudo harmoniosamente.

Para elevação espiritual

Afirme frequentemente:

Pelo Poder do Círculo Eletrônico,
que eu criei ao meu redor,
eu não possa mais ser afetado
por dúvidas e temores.

Alegremente seguro o Cetro de meu Eu Sou e penetro resolutamente em quaisquer das Altas Esferas que almejo, retendo perfeitamente clara e consciente a memória de minha atividade naqueles planos.

Para obter iluminação

Eu Sou a plena compreensão e iluminação deste assunto que eu preciso saber e compreender.

Para escutar e enxergar além do alcance

Eu Sou a Presença que me permite ver e ouvir com a Visão e a Audição Internas.

Vitoriosa Presença Conquistadora

Eu Sou a Vitoriosa Presença Conquistadora, em qualquer empreendimento que deseje, porque Eu Sou agora o Domínio Pleno de toda aplicação que Eu faça; Eu Sou a Presença em toda ordem que dou, cumprindo-a, preenchendo-a.

Perfeição

A primeira coisa que deve
fazer de manhã, ao se levantar,
é dizer com sentimento:

Eu Sou a Presença preenchendo
meu mundo com Perfeição neste dia.

Eu Sou Senhor do meu mundo

Em pé, sozinho em seu quarto, declare:

Eu Sou Senhor do meu mundo.
Eu Sou a Vitoriosa Inteligência que o Governa. Eu lanço em meu mundo essa Poderosa, Radiante e Inteligente Energia de Deus. Eu comando que Ela crie toda a Perfeição, que Ela atraia para mim a Opulência de Deus tornada visível em minhas mãos e para meu uso. Eu Sou, não mais a criança em Cristo, mas a Presença Mestra que atingiu a Estatura Completa, e eu falo e comando com autoridade.

Riqueza, saúde, amor e autoexpressão

Eu agora esmago e destruo
(pela minha palavra falada)
cada registro falso em minha
mente subconsciente. Eles voltarão
ao nada nativo, pois eles vieram
de minhas imaginações vãs.

Eu agora faço meus registros
perfeitos de riqueza, saúde,
amor e autoexpressão.

(Faça uma prece ou o Ho'oponopono.)

Resistências

Neste momento, eu desejo destruir e descriar todas as resistências, todas as barreiras, todas as juras, conscientes e inconscientes, que eu tenha feito e que estão impedindo o meu bem-estar e o fluxo do bem-estar natural de fluir pela minha vida e pelo meu ser.
Eu destruo e descrio tudo isso? Sim! Neste momento, eu estou disposto a destruir e descriar todos os implantes, todos os tratados, todos os acordos, todos os julgamentos, todas as crenças e todos os pensamentos e tudo aquilo que eles geram em mim e que trazem para mim, me impedindo de abrir a minha vida ao fluxo do bem-estar natural de Deus.

Divina substância

A divina substância é a única realidade em minha vida.

E a divina substância nunca falha.

Resultados finais da divina substância começam a aparecer agora, nesta situação, de forma apropriada.

Transformar em realidade

A substância recebe sua forma primeiro na mente.

A substância divina está neste momento trabalhando para que tudo o que eu desejo se transforme em realidade.

Divina substância ilimitada

A divina substância é ilimitada.

E, neste exato momento, está atuando em todas as áreas de minha vida, para que a minha vida reflita Amor, Saúde e Prosperidade.

Divina substância em minha vida

A divina substância é a única realidade em minha vida e eu estou satisfeita com ela.

Divina substância, manifeste-se para mim apropriadamente aqui e agora.

Divina substância onipresente

A divina substância não diminui.

A divina substância não se esgota.

A divina substância não pode ser contida, não pode ser tomada.

A divina substância é onipresente e agora eu a uso com sabedoria.

Aceitar o novo

Eu aceito a finalização de
tudo que não serve à Luz.

Eu aceito a sabedoria,
a energia positiva, o amor,
a saúde e a prosperidade.

Eu aceito o novo na minha vida.

Abundância do Universo

Eu estou aberto e receptivo a todo amor e abundância do Universo.

Eu sou próspero e o que é meu chega até mim.

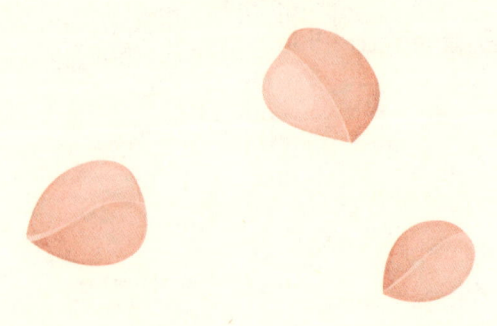

Deus quer que eu viva na prosperidade

Deus quer que eu viva
na prosperidade.

E na abundância de tudo
o que é bom e desejável.

Eu, _____,
nasci para ser próspera.

A prosperidade é o meu estado natural. O vazio é criativo e se molda de acordo com as minhas vibrações – e eu vibro amor!

Eu vibro a presença de
Deus dentro de mim.

Sabedoria maior

Eu sou filha de Deus, em qualquer situação com que me defronto.

Jorra do meu interior sabedoria maior do que as adversidades.

Só posso vencer infalivelmente, pois a vitória existe dentro de mim.

Tudo

Tudo que eu imagino eu crio!

Tudo que eu sonho eu realizo!

Tudo que eu desejo já é meu!

Tudo que eu solto eu manifesto!

Tudo que eu faço com amor prospera e se multiplica!

Que assim seja, porque é.

Estou pronta

O que quer que esteja me segurando,
com a mesma força vai me soltar.

O que quer que esteja me
paralisando, com a mesma
força vai me movimentar.

O que quer que esteja me impedindo,
a mesma força vai me impulsionar.

Estou pronta para assumir tudo
o que o Universo me confiou.

Estou pronta para
assumir o meu poder.

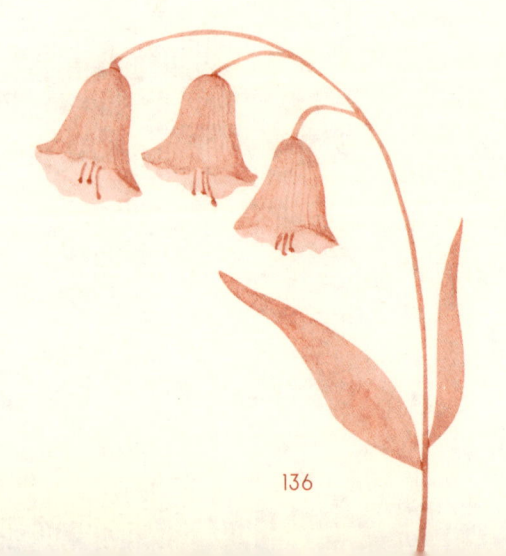

Eu Sou a melhor coisa

Eu Sou a melhor coisa
que pode acontecer na vida de
qualquer pessoa e/ou corporação.

Dinheiro extra

Dinheiro extra, dinheiro de fonte inesperada, dinheiro que é meu: pode vir para mim.

(Bater com o dedo entre as sobrancelhas enquanto repete o mantra.)

Presença iluminadora

Eu Sou a presença iluminadora
pela qual nada que eu necessite
saber me pode ser recusado.

Já que Eu Sou a sabedoria,
Eu Sou a perfeição.

Eu Sou o poder revelador
que traz tudo diante de mim.

POSFÁCIO

A palavra é uma sentença escrita no Universo

A origem mais conhecida da palavra "mantra" remete ao sânscrito, uma língua falada antigamente na Índia: Man – mente – e Tra – controle ou proteção –, significando, de maneira simples, "instrumento para o pensamento". E embora os mantras tenham nascido no hinduísmo, sendo também empregados no budismo e no jainismo, cada vez mais têm sido apropriados por práticas espirituais sem vínculo com religiões estabelecidas.

Mantras são instrumentos poderosos, cuja compreensão ultrapassa o senso comum e mesmo nossos sentidos mais primários.

A escolha, a entonação e, sobretudo, a intenção com que proferimos as palavras podem ser determinantes para as respostas que receberemos do Universo que nos rodeia. Mas não se trata tão somente de espalhar energia positiva, e sim de acreditar verdadeiramente naquilo que está sendo dito, carregando e potencializando esses dizeres em todas as nossas atitudes, como uma ferramenta transformadora.

Os textos aqui reproduzidos foram extraídos de diversas fontes, reunidas e apoderadas por Rita

Batista ao longo de sua trajetória. Sua maior inspiração é o *Livro de Ouro de Saint-Germain*, escrito em 1932, a partir dos ensinamentos do Conde de Saint-Germain, um místico e alquimista, considerado uma das figuras mais misteriosas do século 18.

Em voz alta, em frente ao espelho, pela manhã ou antes de dormir, em uma data especial ou no dia a dia, os mantras são chaves capazes de abrir portais, conhecidos ou não, de prosperidade, felicidade e bem viver. *A vida é um presente!*

**Acreditamos
nos livros**

Este livro foi composto em Andes e impresso
pela Gráfica Santa Marta para a Editora Planeta
do Brasil em janeiro de 2024.